# El Himno de las Ranas

*reloj de versos*

*D.R.* © *CIDCLI, S.C.*

 Av. México 145-601, Col. del Carmen
Coyoacán, C.P. 04100, México, D.F.

Primera edición, 1992
Cuarta reimpresión, 2005
ISBN 968-494-052-1

Reproducción fotográfica : Pablo Esteva

Impreso en México / *Printed in Mexico*

Elsa Cross

# El Himno de las Ranas

## Ilustraciones de Lucía Zacchi

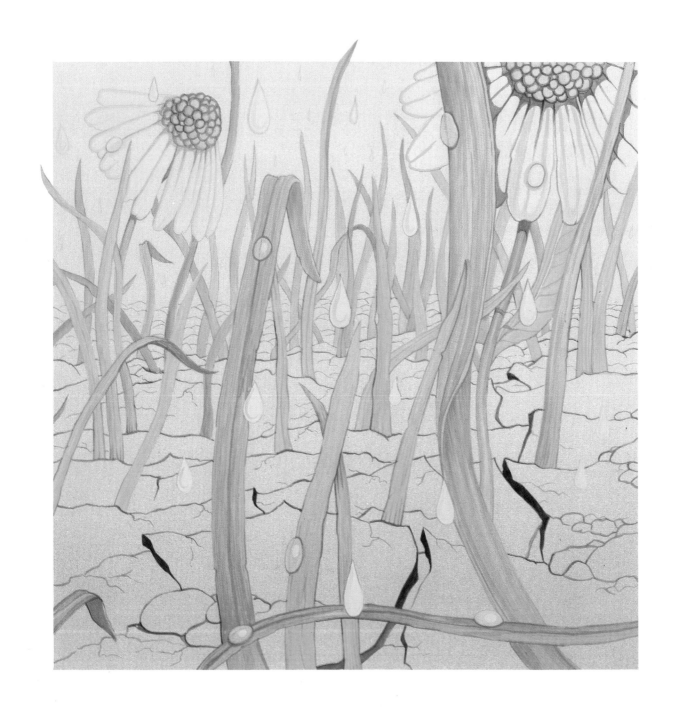

Una, dos, tres,

          caen

cuatro, cinco, seis

           caen

siete, ocho, nueve

            caen

diez

     caen

        muchas más

muchas gotas de agua

           caen.

En la tierra

        en el pasto

las gotitas de agua

           caen

La tierra estaba reseca
        pues no llovía.
Las flores se hallaban tristes,
        ya sed tenían.
Se puso el pasto amarillo
        se desprendía
de los terrones abiertos
        por la sequía.

Cuando las gotas cayeron
la tierra se humedeció,
el pasto se puso verde
y cada flor revivió.

Los gorriones en sus nidos
vieron el agua caer.
La tierra estaba contenta
y los gorriones también.

Los grillos y las cigarras
se callan para escuchar
el golpeteo de las gotas
en las ramas del nogal.

La lagartija se asusta
y se esconde sin tardar
en su piedra favorita
al lado de un platanar.

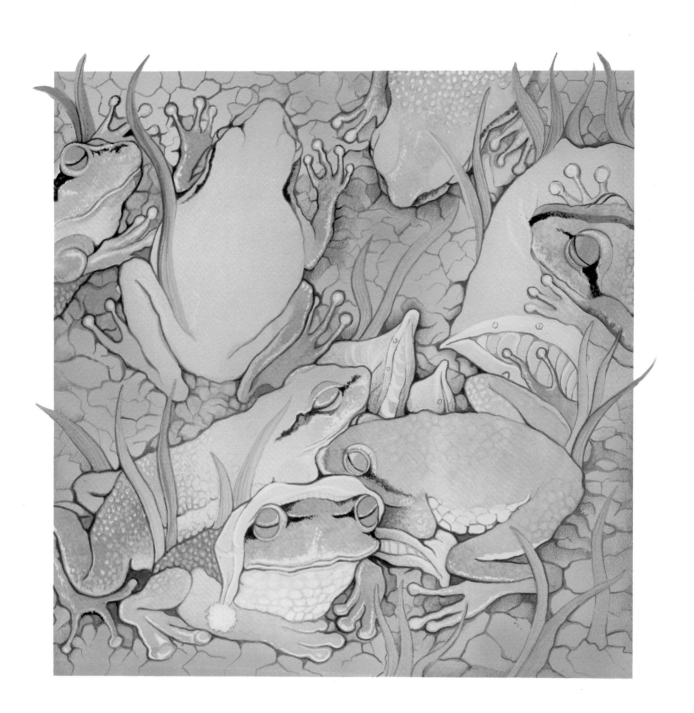

Todas las ranas dormían
confundidas con la tierra,
parecían hechas de polvo,
parecían hechas de hierba.

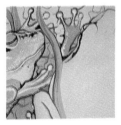

Una gota le cayó
a una ranita dormida
por la nariz le escurrió
¡y la devuelve a la vida!

Otra gotita le cae
en el lomo a su vecina,
y se despierta también,
y siguen las gotas finas

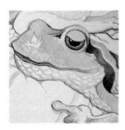

cayendo más cada vez,
y todas van despertando.
Las ranitas que dormían
están ahora cantando.

Dan saltitos en la hierba
sacudiendo a las demás:
¡Ha llegado ya la lluvia!
¡Ya despierten! ¡Vengan ya!

La lluvia sigue cayendo,
llueve y llueve sin parar.
Se está formando una charca
en medio del arrozal.

Los rayos cruzan el cielo
como caballos de luz
y los truenos retumbando
los persiguen hacia el sur.

A la orilla de la charca
ya se han juntado las ranas.
Se zambullen en el agua,
nadan, gritan, saltan, cantan.

Toda la noche las ranas
dicen un himno a la lluvia,
a las gotas que resbalan
con ojitos de frescura.

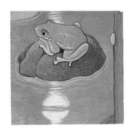

Toda la noche cantando
saltan y bailan a oscuras.
Pero de pronto aparece
tras una nube la luna.

A su carita redonda
reflejada sobre el agua
las ranas también le cantan,
las ranas enamoradas.